별자리와 함께 하는
숨은 그림 찾기

별자리와 함께 하는
숨은 그림 찾기

ⓒ 도서출판 창, 2017

2017년 7월 5일 1쇄 인쇄
2017년 7월 15일 1쇄 발행

그림·기획 | 조기영
감수 | 강주현
엮음 | 편집부
펴낸이 | 이규인
편집 | 뭉클
펴낸곳 | 도서출판 창
등록번호 | 제15-454호
등록일자 | 2004년 3월 25일
주소 | 서울특별시 마포구 합정동 388-28번지 합정빌딩 3층
전화 | (02) 322-2686, 2687   **팩시밀리** | (02) 326-3218
홈페이지 | http://www.changbook.co.kr
e-mail | changbook1@hanmail.net

ISBN : 978-89-7453-425-7 (73650)

정가 12,000원

이 도서의 국립중앙도서관 출판시도서목록(CIP)은 서지정보유통지원시스템
홈페이지(http://seoji.nl.go.kr)와 국가자료공동목록시스템(http://www.nl.go.kr/kolisnet)에서
이용하실 수 있습니다. (CIP제어번호 : CIP2017009391)

· 이 책의 저작권은 〈도서출판 창〉에 있습니다. 저작권법에 의해 보호를 받는 저작물이므로 무단 전재와 복제를 금합니다.
· 잘못 만들어진 책은 〈도서출판 창〉에서 바꾸어 드립니다.

차례

봄의 별자리 ……………………………… 5

여름의 별자리 …………………………… 19

가을의 별자리 …………………………… 33

겨울의 별자리 …………………………… 47

남쪽 하늘의 별자리 ……………………… 59

북쪽 하늘의 별자리 ……………………… 95

숨은 그림 찾기 …………………………… 103

정답 ……………………………………… 120

까마귀자리

코로니스의 부정을 거짓으로 보고하다니, 내 너의 날개를 새까맣게 태워서 하늘로 집어 던져 버리겠다.

숨은그림
- ☐ 아기우유병
- ☐ 바늘
- ☐ 부엌칼
- ☐ 신사모자
- ☐ 부츠 한 짝
- ☐ 망치

머리털자리

남편이 전쟁에서 무사히 돌아왔으니 나의 머리털을 아프로디테 신전에 바쳐야지.

숨은그림
- ☐ 스푼
- ☐ 부엌칼
- ☐ 하트
- ☐ 만년필 촉
- ☐ 비녀
- ☐ 여자구두

목자자리

봄의 별자리

네가 처녀를 지키기로 한 맹세를 어긴 죄로 너를 암곰의 모습으로 바꾸어 버리겠다.

숨은그림

- ☐ 플라스틱 바가지
- ☐ 사탕
- ☐ 압정
- ☐ 천막
- ☐ 버섯
- ☐ 바늘

바다뱀자리

바다뱀자리는 그리스 레르나 지방에 살던 머리가 아홉 개 달린 물뱀 히드라의 모습을 나타내고 있다.

숨은그림
- ☐ 못
- ☐ 국자
- ☐ 돛단배
- ☐ 버선
- ☐ 느낌표
- ☐ 도장

북쪽왕관자리

"그대에게 이 왕관을…."

북쪽왕관자리는 디오니소스가 크레타섬 미노스왕의 딸인 아리아드네에게 선사한 왕관으로 전해진다.

숨은그림
- ☐ 여자구두
- ☐ 버섯
- ☐ 밤
- ☐ 스푼
- ☐ 상어
- ☐ 화살표

사냥개자리

사냥개자리는 양치기가 몰고 다니던 두 마리의 사냥개를 말해.

숨은그림
- ☐ 물컵
- ☐ 담배 파이프
- ☐ 송곳
- ☐ 낚싯바늘
- ☐ 은행잎
- ☐ 성냥개비

사자자리

숨은그림: 슬리퍼, 하트, 깔대기, 열대어, 커피잔, 화살표

살쾡이자리

살쾡이자리는 살쾡이와 같은 눈을 가진 사람만 찾을 수 있는 별자리래.

넌 찾을 수 있겠네.

숨은그림
- ☐ 머리빗
- ☐ 갓
- ☐ 배드민턴공
- ☐ 아이스크림
- ☐ 초승달
- ☐ 버섯

육분의자리

화재로 20년간 사용해 왔던 육분의를 태워버린 후 나의 부주의를 반성하는 뜻에서 만든 별자리다.

폴란드의 천문학자 헤벨리우스

숨은그림
- ☐ 삼각자
- ☐ 만년필 촉
- ☐ 장갑한짝
- ☐ 열대어
- ☐ 고추
- ☐ 밤

작은사자자리

작은사자자리는 천문학자 헤벨리우스가 큰곰자리와 사자자리 사이에다 새로이 만든 별이야.

숨은그림
- 압정
- 호미
- 성냥개비
- 아기우유병
- 세수대야
- 장화 한 짝

처녀자리
봄의 별자리 / SPRING

"일년의 반은 저승에서 나머지 반은 지상에서 살 수 있도록 허락하겠다."

숨은그림
- ☐ 호미
- ☐ 압정
- ☐ 고래
- ☐ 펜촉
- ☐ 하트
- ☐ 숫자 3

천칭자리

봄의 별자리

이 천칭은 인간의 선과 악을 재어 그 사람의 운명을 결정하는 데 쓰였어요.

숨은그림
- ☐ 구둣주걱
- ☐ 슬리퍼
- ☐ 올챙이
- ☐ 국자
- ☐ 고추
- ☐ 로켓

봄의 별자리 설명

까마귀자리
아폴론의 애조인 카라스는 아름다운 은빛 날개를 가졌지만, 심한 거짓말쟁이였다. 어느 날 아폴론은 까마귀의 거짓말로 아내 코로니스를 쏘아 죽이게 되고, 화가 난 아폴론은 까마귀에게 벌을 내려 사람의 말을 못하게 하고 은빛 날개를 새까맣게 만들어 버렸다.

머리털자리
고대 이집트의 왕비 베레니케의 머리카락으로 기원전 3세기경 이집트의 왕 프톨레마이오스 3세가 위험한 원정을 떠났을 때 왕비 베레니케가 남편이 무사히 돌아올 것을 기원하며 미의 여신 아프로디테의 신전에 바쳤다.

목자자리
칼리스토는 아르카디아 왕 리카온의 딸로 여신 아르테미스를 섬겼다. 그녀에게 반한 제우스는 아르테미스로 변신하여 접근하였고, 둘 사이에서 아들 아르카스가 생겼다. 아르테미스는 노하여 그녀를 암곰으로 바꾸어 버렸다. 아르카스가 커서 사냥하다 이 암곰을 죽이려하자, 놀란 제우스는 모자를 큰곰자리와 목자자리로 만들었다.

바다뱀자리
이 물뱀은 머리 하나가 잘리면 둘이 생겨서 웬만해선 이길 수 없는 괴물이었다. 헤라클레스는 머리를 자르고 횃불로 지지는 방법을 써서 물뱀을 물리칠 수 있었다. 제우스는 레르나에서 아들의 승리를 기념하기 위하여 물뱀을 하늘에 올려 별자리로 만들었다.

북쪽왕관자리
술의 신 디오니소스가 아리아드네에게 결혼 선물로 준 7개의 보석이 박힌 금관이다. 아리아드네가 늙어서 죽게 되었을 때 디오니소스는 그녀에 대한 사랑을 영원히 간직하기 위해 이 금관을 하늘에 올려 별자리로 만들었다고 한다.

사자자리
헤라클레스는 헤라의 미움으로 네메아 골짜기의 사자를 죽이는 임무를 떠안게 되었다. 헤라클레스는 어렵게 사자를 물리쳤다. 그 후 네메아 지방 사람들은 사자의 공포에서 벗어났고, 헤라클레스는 사자 가죽을 얻었다. 제우스는 헤라클레스의 용맹을 기리려고 사자를 하늘의 별자리로 만들었다.

처녀자리
페르세포네는 여신 데메테르의 딸이다. 하데스는 그녀를 납치하여 자신의 아내로 삼았다. 데메테르가 비탄에 빠져 슬퍼하자 대지는 황폐해졌다. 제우스의 설득으로 페르세포네는 반년은 어머니와 함께 지낼 수 있게 되었으며 봄에 동쪽으로 떠오른다.

천칭자리
정의의 여신 아스트라이아가 가지고 다니던 정의의 저울대로 알려져 있다. 후에 정의와 공평을 위해 봉사한 아스트라이아의 공적을 기리기 위하여 하늘에 올려졌다.

컵자리
아폴론이 까마귀에게 물심부름을 시켰다. 심부름 도중 무화과를 먹느라 늦어버린 까마귀는 거짓말을 하려고 물뱀을 잡아서 신에게 돌아왔다. 그 사실을 안 아폴론은 까마귀, 물뱀, 물컵을 하늘로 던져 별자리로 만들었다. 벌로 까마귀는 물컵을 옆에 두고도 갈증을 풀 수 없는 신세가 되었다.

별자리와 함께 하는
여름의 별자리
정답 : 121

거문고자리

아… 아….
나의 사랑하는 아내
에우리디케여!

숨은그림
☐ 곰방대 ☐ 송곳 ☐ 망치
☐ 국자 ☐ 고추 ☐ 병아리

궁수자리

SUMMER 여름의 별자리

> 나 케이론은 타이탄족 크로노스와 님프의 아들로 반인반마족이다.

숨은그림
- ☐ 다이아몬드
- ☐ 압정
- ☐ 열대어
- ☐ 플라스틱 바가지
- ☐ 화살표
- ☐ 낚싯바늘

독수리자리

여름의 별자리

> 트로이의 아름다운 왕자 가니메데, 너를 납치해 가겠다.

숨은그림
- ☐ 머리빗
- ☐ 칫솔
- ☐ 낚싯바늘
- ☐ 아라비아숫자 3
- ☐ 아이스크림
- ☐ 비녀

돌고래자리

여름의 별자리

"암피트리테에게 가서 나와 결혼하라고 설득을 하라!"

숨은그림
- ☐ 옷핀
- ☐ 신사모자
- ☐ 커피잔
- ☐ 천막
- ☐ 밤
- ☐ 버섯

방패자리

여름의 별자리

오스만투르크 제국이 유럽정복에 나섰을 때 이 전쟁에서 뛰어난 활약을 한 소비에스키를 기리기 위한 별자리다.

숨은그림
- ☐ 버섯
- ☐ 컴퍼스
- ☐ 새의 머리
- ☐ 올챙이
- ☐ 호미
- ☐ 생쥐

백조자리

헤라의 눈을 피해 백조로 변신해 레다를 만나야지.

숨은그림
- ☐ 총알
- ☐ 올챙이
- ☐ 버섯
- ☐ 새
- ☐ 제비
- ☐ 생쥐

뱀자리

죽은 뱀에게 다른 뱀이 약초를 물어와 살리다니 정말 놀라운 일이다.

숨은그림
- ☐ 스푼
- ☐ 갈매기
- ☐ 조리
- ☐ 송곳
- ☐ 바가지
- ☐ 깔대기

뱀주인자리

> 나는 항상 한 마리 큰 뱀을 가지고 다니며 사람들의 병을 고치지.

숨은그림
- 옷핀
- 물컵
- 물음표
- 부츠 한 짝
- 연필
- 삼각자

여우자리

여우자리는 독일의 천문학자 헤벨리우스가 만들었는데 그의 성도에는 거위를 입에 문 여우의 모습으로 그려져 있었어.

숨은그림

- ☐ 피라미드
- ☐ 촛불
- ☐ 못
- ☐ 단추
- ☐ 하트
- ☐ 옷걸이

전갈자리

SUMMER 여름의 별자리

악!

오리온! 나는 아폴로가 보낸 전갈이다!

숨은그림
- ☐ 말굽자석
- ☐ 오징어
- ☐ 물컵
- ☐ 포크
- ☐ 유리잔
- ☐ 하트

헤라클레스자리

화살자리

여름의 별자리

독수리한테 괴로움을 당하는 프로메테우스를 구하기 위해 헤라클레스가 쏜 화살이라고 해.

숨은그림
- ☐ 종이배
- ☐ 촛불
- ☐ 하트
- ☐ 낫
- ☐ 성냥개비
- ☐ 칫솔

여름의 별자리
설명

거문고자리
아폴론이 시인이자 음악가인 아들 오르페우스에게 준 하프다. 오르페우스는 뱀에 물려 죽은 아내를 찾아 지하 세계로 가서 거문고(하프)를 연주한다. 아내를 데려가게 되었지만, 뒤돌아보지 말라는 약속을 어겨서 아내를 영영 잃게 되었고, 그도 세상을 떠나게 되었다. 주인 잃은 거문고는 계속 음악을 흘려보냈다.

궁수자리
헤라클레스가 반인반마인 켄타우로스족과 싸우다 히드라 독화살을 케이론의 발에 맞혔다. 히드라 독은 죽어야 엄청난 고통이 없어지므로, 불사신 케이론은 프로메테우스에게 불사의 몸을 양보하여 죽게 된다. 케이론을 불쌍히 여긴 제우스가 하늘로 올려 별자리로 삼았다.

독수리자리
제우스가 독수리로 변신해서 신들에게 술 따르는 일을 맡길 아름다운 젊은이를 찾아 지상으로 내려갔다. 이다산에서 트로이의 양떼를 돌보고 있던 왕자 가니메데가 잡혀 와서 올림포스 산에서 신들에게 술을 따르는 일을 하게 된다. 독수리자리는 변신한 제우스의 모습이다.

돌고래자리
바다의 신 포세이돈의 청혼을 거절한 님프 암피트리테가 숨어버리자, 포세이돈이 바다의 동물들에게 그녀를 찾으라고 명령했다. 돌고래가 암피트리테를 찾아내어 데려오자, 포세이돈은 감사의 표시로 돌고래를 별자리로 만들어 하늘에 올렸다.

백조자리
제우스는 스파르타의 왕비 레다의 아름다움에 푹 빠졌다. 그러나 질투가 심한 아내 헤라에게 들킬 것이 무서워서 그녀를 만나러 갈 때면 백조로 변신했다. 백조자리는 제우스가 변신한 모습이고, 제우스는 레다와 사랑에 빠져 쌍둥이 아들과 미모의 딸 헬렌을 낳는다.

뱀자리
아스클레피오스는 친구 집에서 뱀을 한 마리 죽였는데, 놀랍게도 다른 뱀이 이름 모를 약초를 물고 와서 죽은 뱀을 살려냈다. 그 약초를 알아낸 아스클레피오스는 병을 고치고 죽은 사람까지도 살려냈고, 그 뱀의 모양을 따서 별자리를 만들었다.

뱀주인자리
아스클레피오스가 약초로 모든 사람을 살리자, 지하세계의 왕 하데스는 인간들이 영원히 살고 죽지 못하게 되어 지상의 질서가 무너지는 것을 걱정했다. 제우스도 동의하여 번개로 그를 죽여 버렸다. 하지만 그의 의술을 기려 별자리로 만들어 하늘에서 영원히 살게 했다.

전갈자리
포세이돈의 아들 오리온은 "세상에 나보다 강한 자는 없다"며 거만하게 굴었다. 그 말에 화가 난 헤라가 오리온을 죽이라고 전갈을 풀었지만 그를 죽이지 못했다. 오리온은 애인 아르테미스의 화살에 맞아 죽었지만, 전갈은 그를 죽인 공으로 하늘의 별자리가 되었다.

헤라클레스자리
그리스 신화 최고의 영웅이다. 제우스와 페르세우스의 후손인 알크메네 사이에서 태어났다. 화가 난 제우스의 아내 헤라가 집요하게 괴롭히지만, 용맹함과 지혜를 겸비한 위대한 영웅으로 성장한다. 죽은 후에는 신의 반열에 올라 별자리가 되었다.

고래자리

카시오페이아를 혼내주기 위해 에티오피아를 습격한 고래의 전설을 담은 별자리란다.

숨은그림
- ☐ 칫솔
- ☐ 스푼
- ☐ 콩깍지
- ☐ 성냥개비
- ☐ 망치
- ☐ 느낌표

남쪽물고기자리

> 사랑의 여신 아프로디테가 괴물 티폰에게서 도망치기 위하여 변한 물고기다.

숨은그림 ☐ 갈매기 ☐ 망치 ☐ 고추 ☐ 붓 ☐ 부엌칼 ☐ 느낌표

도마뱀자리

어두운 별이 지그재그로 박혀 있어서 깜깜한 밤이면 쉽게 찾을 수 있는 별자리다.

숨은그림
- ☐ 성냥개비
- ☐ 열대어
- ☐ 텐트
- ☐ 고추
- ☐ 바늘
- ☐ 야구방망이

물고기자리

괴물 티폰을 피하기 위해 아프로디테인 나와 내 아들 에로스가 물고기로 변신했다.

숨은그림
- □ 비녀
- □ 촛불
- □ 콩깍지
- □ 송곳
- □ 톱
- □ 양말 한 짝

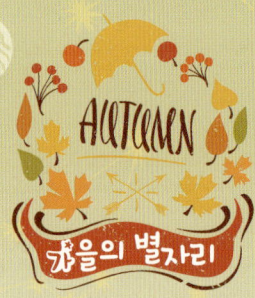

물병자리

불멸의 컵에 물을 넘쳐 흐르도록 가득 채우고 있는 주인공은 미소년 가니메데이다.

숨은그림
- ☐ 압정
- ☐ 도너츠
- ☐ 종이배
- ☐ 오리
- ☐ 송곳
- ☐ 페인트붓

삼각형자리

가을의 별자리

삼각형을 닮은 모양이 그대로 이름이 된 별자리란다.

숨은그림
- ☐ 버섯
- ☐ 부엌칼
- ☐ 하트
- ☐ 옷걸이
- ☐ 못
- ☐ 종이배

안드로메다자리

가을의 별자리

저 안드로메다를 구해주신 페르세우스님. 그대의 아내가 되겠습니다.

숨은그림
- ☐ 커피잔
- ☐ 하트
- ☐ 초승달
- ☐ 콩나물
- ☐ 하이힐
- ☐ 압정

양자리

> 프릭수스 왕자를 제물로 바쳐야 합니다!

숨은그림
- ☐ 종이비행기
- ☐ 못
- ☐ 갓
- ☐ 가오리
- ☐ 촛불
- ☐ 사람 옆얼굴

염소자리

거인족 티폰의 공격으로 주문을 외웠는데 주문이 섞여서 이런 모습으로….

숨은그림
- ☐ 아령
- ☐ 도장
- ☐ 물컵
- ☐ 포크
- ☐ 콩나물
- ☐ 하트

조랑말자리

가을의 별자리

네 별이 자리잡은 모습이 말의 머리를 떠올리게 하는 자리로 하늘에서 두 번째로 작은 별자리다.

숨은그림
- ☐ 만년필 촉
- ☐ 삼각자
- ☐ 열쇠
- ☐ 호미
- ☐ 촛불
- ☐ 아이스크림

페가수스자리

나는 아름다운 처녀였지만 메두사의 피로 만들어져 하얀 눈처럼 아름다운 모습이지.

숨은그림
- ☐ 호미
- ☐ 자물쇠
- ☐ 화살표
- ☐ 버섯
- ☐ 영문자 A
- ☐ 하트

페르세우스자리

메두사의 머리를 잘라 돌아가던 길에 바다괴물의 제물이 될 뻔한 안드로메다를 구했다.

숨은그림
- ☐ 호미
- ☐ 열대어
- ☐ 고추
- ☐ 신사모자
- ☐ 깔대기
- ☐ 비녀

가을의 별자리 설명

안드로메다자리
에티오피아 왕 케페우스의 딸이다. 허영심 많은 왕비 카시오페이아가 바다 요정보다 자기가 예쁘다고 떠벌리자, 포세이돈이 괴물 고래를 보내 에티오피아를 황폐하게 만든다. 케페우스 왕은 안드로메다 공주를 제물로 바치는데, 페르세우스에게 구출되어 그의 아내가 되었다.

양자리
아타마스 왕의 두 번째 왕비 이노는 삶은 곡식을 심게 해서 곡식이 자랄 수 없게 만든 뒤, 첫 번째 왕비의 자식인 프릭소스와 헬레 남매를 제물로 바쳐야 곡식이 자랄 수 있다고 신탁을 조작하였다. 제물로 바쳐진 남매는 헤르메스가 황금양을 보내서 하늘로 데려갔다.

염소자리
신들의 잔치가 벌어지고 있을 때 거인족 티폰(Typhon)이 공격하였다. 신들이 각기 짐승으로 변해 도망가는데, 짐승의 신 판(Pan)은 서두르다 주문이 섞여서 상반신은 염소로 하반신은 물고기로 변했다. 그 순간 제우스의 비명이 들리자, 주문을 바꿀 시간도 없이 급히 풀피리를 불어서 티폰을 달아나게 하였다. 제우스가 보답으로 반양반어인 바다 염소 별자리를 만들어 그의 도움을 영원히 기억하게 하였다.

페가수스자리
메두사의 머리에서 흘린 피로 만들어진 하늘을 나는 천마이다. 벨레로폰이라는 청년이 자신이 신이라고 생각하면서 페가수스를 타고 신들이 사는 하늘로 올라왔다. 화가 난 제우스가 페가수스를 놀라게 하자 벨레로폰을 떨어뜨리고 은하수로 뛰어들었다.

페르세우스자리
다나에와 제우스 사이에서 태어난 아들로 메두사의 목을 벤 영웅이다. 괴물 고래의 제물이 된 안드로메다를 구해서 결혼하고 미케나이의 왕이 된다. 페르세우스와 안드로메다가 죽자 아테나 여신은 케페우스, 카시오페이아, 고래가 있는 곳에 두 개의 별자리로 만들어 주었다.

숨은 그림 찾기

별자리와 함께 하는
겨울의 별자리

정답 : 123

게자리

겨울의 별자리

> 헤라클레스의 발을 물었지만 결국 헤라클레스에게 밟혀 죽게 되는구나.

숨은그림
- ☐ 밤
- ☐ 하트
- ☐ 화살표
- ☐ 독수리 머리
- ☐ 비녀
- ☐ 부엌칼

마차부자리

> 네 마리의 말이 끄는 수레를 발명하다니 아주 멋있구나.

숨은그림
- 은행잎
- 붓
- 매미
- 송곳
- 단추
- 버선

쌍둥이자리

WINTER 겨울의 별자리

제 생명과 카스트로의 생명을 바꾸어 주세요.

숨은그림
- ☐ 압정
- ☐ 낚싯바늘
- ☐ 병따개
- ☐ 붓
- ☐ 만년필 촉
- ☐ 갈매기

에리다누스자리

> 태양의 수레를 몰도록 허락해 줄테니 단단히 주의하도록 하라.

> 예! 명심하겠습니다.

숨은그림
- ☐ 열쇠
- ☐ 장갑
- ☐ 다이아몬드
- ☐ 칫솔
- ☐ 돛단배
- ☐ 버섯

오리온자리

WINTER 겨울의 별자리

"아! 오리온, 아르테미스가 쏜 화살에 맞다니…."

숨은그림
- ☐ 종이배
- ☐ 별
- ☐ 버섯
- ☐ 망치
- ☐ 못
- ☐ 압정

외뿔소자리

외뿔소자리는 전설에 나오는 유니콘이 주인공이야.

숨은그림
- ☐ 올챙이
- ☐ 화살표
- ☐ 호루라기
- ☐ 송곳
- ☐ 부엌칼
- ☐ 오징어

작은개자리

숨은그림
- ☐ 사람 옆얼굴
- ☐ 붓
- ☐ 콩깍지
- ☐ 아이스크림
- ☐ 돛단배
- ☐ 커피잔

큰개자리

내가 주인님인지 모르고 물어 죽이다니.

숨은그림
- ☐ 슬리퍼
- ☐ 압정
- ☐ 토끼의 머리
- ☐ 챙 넓은 모자
- ☐ 전구
- ☐ 포크

토끼자리

사냥꾼 오리온이 쫓는 토끼야.

숨은그림
- ☐ 톱
- ☐ 국자
- ☐ 삼각자
- ☐ 호미
- ☐ 성냥개비
- ☐ 버섯

황소자리

겨울의 별자리

숨은그림: ☐ 호미 ☐ 톱 ☐ 하트 ☐ 숟가락 ☐ 사탕 ☐ 못

겨울의 별자리
설명

게자리
헤라클레스가 물뱀 히드라와 30일간의 혈전을 벌이고 있을 때, 평소 그를 미워하던 헤라는 게 한 마리를 보내서 헤라클레스를 물게 했다. 게는 헤라클레스의 발가락을 물었지만 그의 발에 밟혀 죽고 말았다. 헤라는 죽은 게에 대한 보답으로 하늘의 별자리로 만들었다.

마차부자리
헤파이스토스와 지혜의 여신 아테나의 아들인 에릭토니우스는 도시국가 아테네의 네 번째 왕이다. 절름발이였던 에릭토니우스는 자기 다리의 불편함을 덜기 위해 말 네 마리가 끄는 마차를 발명했다. 제우스가 그의 발명을 칭찬해서 하늘의 별자리로 만들었다.

쌍둥이자리
제우스와 스파르타의 왕비 레다 사이의 쌍둥이 형제가 카스토르와 폴룩스이다. 카스토르가 죽자 불사신의 몸을 가지고 있는 폴룩스는 슬픔에 빠져서 제우스에게 죽음을 부탁한다. 형제애에 감동한 제우스는 두 개의 밝은 별로 만들어서 형제애를 영원히 빛나게 하였다.

에리다누스자리
태양신 헬리오스의 아들 파에톤은 아버지의 마차를 빌려 타고 자신이 태양신의 아들임을 증명하려고 했다. 그러나 말을 탈 줄 몰랐기 때문에 세상을 혼란에 빠지게 했다. 제우스가 마차에 번개를 내렸고, 파에톤은 에리다누스 강에 떨어져 죽고 말았다.

오리온자리
아르테미스의 오빠 아폴론은 여동생이 오리온과 사랑하는 것을 탐탁지 않게 생각하였다. 어느 날 바다 멀리서 사냥하는 오리온을 발견하고 동생에게 과녁쏘기 내기를 청했다. 오리온인 줄 모르는 아르테미스는 사냥의 여신답게 오리온의 머리를 정확히 명중시켰고, 나중에 자신이 오리온을 죽인 것을 알게 되어 비탄에 빠졌다. 그녀의 슬픔을 달래기 위해 제우스는 오리온을 밤하늘의 별자리로 만들었다.

작은개자리
디오니소스에게 포도주 만드는 법을 배운 이카리우스가 포도주 파티를 열었다. 그 맛에 반한 사람들이 너무 많이 마시고 두통에 시달리자, 포도주에 독이 들었다고 오해하여 그를 죽였다. 그의 작은 개 마이라는 주인을 잃은 슬픔에 음식을 끊고 죽었고, 충직함을 인정받아 하늘에 올라 별자리가 되었다. 또 아폴론의 손자인 사냥의 명수 악타이온의 사냥개 중에서 가장 빠른 메란포스가 하늘의 별자리가 되었다는 신화도 있다.

큰개자리
어느 마을에 굶주린 여우가 사람과 가축을 잡아먹었다. 여우는 화살보다 빠르게 달아나서 잡을 수가 없었다. 바람처럼 빠른 개 라이라프스가 여우를 잡은 공로로 하늘의 별자리가 되었다.

황소자리
제우스는 페니키아의 공주 유로파를 꾀기 위해서 황소로 변신한다. 유로파 공주가 눈부시게 하얀 소로 변신한 제우스의 등 위에 올라타자, 크레타 섬으로 헤엄쳐가서 유로파를 아내로 맞이하였다.

별자리와 함께 하는
남쪽 하늘의 별자리

정답 : 123~126

고물자리

남쪽 하늘의 별자리

고물자리는 아르고자리의 네 가지 별자리 중 하나이지.

숨은그림
- ☐ 비녀
- ☐ 촛불
- ☐ 유리잔
- ☐ 열쇠
- ☐ 망치
- ☐ 스푼

공기펌프자리

남쪽 하늘의 별자리

공기펌프자리는 우리나라에서도 관측할 수 있으나 남쪽 지평선이 트인 곳이라야 해.

숨은그림
- ☐ 갓
- ☐ 부츠 한 짝
- ☐ 화분
- ☐ 칫솔
- ☐ 괭이
- ☐ 촛불

그물자리

남쪽 하늘의 별자리

프랑스의 성직자인 나 라카유가 남아프리카 희망봉에서 별의 위치를 측정할 때 만든 별자리이다.

숨은그림
- ☐ 호미
- ☐ 사람 옆얼굴
- ☐ 비녀
- ☐ 갈매기
- ☐ 가오리
- ☐ 버섯

남쪽 하늘의 별자리 63

극락조자리

남쪽 하늘의 별자리

극락조자리는 쌍안경을 이용하면 화살모양의 극락조자리를 찾을 수 있다.

숨은그림
- ☐ 칫솔
- ☐ 포크
- ☐ 전구
- ☐ 바지
- ☐ 등잔불
- ☐ 만년필 촉

나침반자리

남쪽 하늘의 별자리

나침반자리는 남반구의 작은 별자리로 아르고자리의 돛대 끝에 해당된다.

숨은그림

- [ ] 고추
- [ ] 송곳
- [ ] 도끼
- [ ] 플라스틱 바가지
- [ ] 담배 파이프
- [ ] 도너츠

날치자리

남쪽 하늘의 별자리

날치자리는 17세기에 만들어진 별자리로, 아르고자리 아래쪽에 놓여졌다.

숨은그림
- ☐ 옷걸이
- ☐ 바늘
- ☐ 갓
- ☐ 알파벳 A
- ☐ 하트
- ☐ 버선

남십자자리

남쪽 하늘의 별자리

대항해시대에 남십자자리를 향해 선원들이 기도를 했다.

숨은그림
- ☐ 스푼
- ☐ 세숫대야
- ☐ 부엌칼
- ☐ 아이스크림
- ☐ 망치
- ☐ 바늘

남쪽삼각형자리

남쪽 하늘의 별자리

남쪽삼각형자리는 2등성과 3등성의 별이 확실한 삼각형의 모습을 보여주고 있단다.

숨은그림
- ☐ 콩깍지
- ☐ 촛불
- ☐ 망치
- ☐ 장화 한 짝
- ☐ 고추
- ☐ 못

남쪽왕관자리

남쪽 하늘의 별자리

아, 나에게 왕관을 씌어줄 내 님은 어디에 계신걸까?

숨은그림
- □ 컴퍼스
- □ 사람 옆얼굴
- □ 담배 한 개비
- □ 뱀
- □ 만년필 촉
- □ 종이배

두루미자리

남쪽 하늘의 별자리

하늘의 남반구에 있는 별자리로 고대 이집트에서는 두루미를 별을 관측하는 사람들의 상징으로 여겼다.

숨은그림
- ☐ 열대어
- ☐ 펜촉
- ☐ 누에고치
- ☐ 장갑
- ☐ 제비
- ☐ 물컵

망원경자리

남쪽 하늘의 별자리

> 망원경자리는 망원경처럼 가로로 길게 늘어져 있는 희미한 별들로 이루어져 있다.

숨은그림
- ☐ 담배 한 개비
- ☐ 버섯
- ☐ 송곳
- ☐ 화분
- ☐ 단추
- ☐ 종이배

물뱀자리

남쪽 하늘의 별자리

물뱀자리는 자기 짝을 찾아 에리다누스 강을 건너고, 오리온 앞을 지나, 은하수를 건너는 뱀이다.

숨은그림
- ☐ 로켓
- ☐ 깔대기
- ☐ 물컵
- ☐ 부츠 한 짝
- ☐ 프라이팬
- ☐ 느낌표

봉황새자리

남쪽 하늘의 별자리

이집트 전설에 나오는 불사조인 피닉스의 별자리로 조각실자리의 남쪽에 있다.

숨은그림

- ☐ 하트
- ☐ 만년필 촉
- ☐ 송곳
- ☐ 버선
- ☐ 갓
- ☐ 부엌칼

비둘기자리

남쪽 하늘의 별자리

> 노아의 방주에서 나온 비둘기가 감람나무 잎사귀를 물고 돌아오는 모습을 하고 있다.

숨은그림
- ☐ 괭이
- ☐ 스푼
- ☐ 도장
- ☐ 오징어
- ☐ 성냥개비
- ☐ 총알

용골자리

남쪽 하늘의 별자리

지평선 가까이에 겨우 모습을 나타내어 시력이 좋은 사람만 볼 수 있어 이런 이름이 붙은 것으로 짐작된다.

숨은그림
- ☐ 커피잔
- ☐ 유리잔
- ☐ 고추
- ☐ 칠판지우개
- ☐ 종이배
- ☐ 낚싯바늘

이리자리

남쪽 하늘의 별자리

> 아르카디아의 왕이었던 나 라키온이 제우스 신에 의해 이리로 변한 모습이다.

숨은그림
- ☐ 압정
- ☐ 사탕
- ☐ 새의 머리
- ☐ 셔틀콕
- ☐ 딸기
- ☐ 옷걸이

이젤자리

남쪽 하늘의 별자리

처음은 '화가의 이젤'로 불렀으나 지금은 줄여서 이젤자리라고 한다.

숨은그림
- ☐ 물고기
- ☐ 콩나물
- ☐ 삼각자
- ☐ 아이스크림
- ☐ 주사위
- ☐ 다이아몬드

인디언자리

남쪽 하늘의 별자리

인디언자리는 남쪽 하늘의 별자리로 16세기 유럽의 탐험가들이 방문한 신대륙의 원주민을 나타낸 것이다.

숨은그림

- ☐ 텐트
- ☐ 연필
- ☐ 도너츠
- ☐ 여자구두
- ☐ 부츠 한 짝
- ☐ 열쇠

제단자리

남쪽 하늘의 별자리

올림포스 산의 신들이 티탄 족과의 싸움에서 승리한 것을 기념하기 위해 만든 것이 제단자리이다.

숨은그림
- ☐ 신사모자
- ☐ 도장
- ☐ 화살표
- ☐ 만두
- ☐ 물컵
- ☐ 버섯

직각자자리

남쪽 하늘의 별자리

직각자자리는 작고 눈에 띄지 않는 별자리로 전갈자리와 센타우르스자리 사이에서 찾아 볼 수 있다.

숨은그림
- [ ] 버섯
- [ ] 펜촉
- [ ] 하트
- [ ] 오징어
- [ ] 붓
- [ ] 성냥개비

카멜레온자리

남쪽 하늘의 별자리

북반구 15도 이상 지역에서는 관측이 불가능하고 대부분 남반구에서만 볼 수 있는 눈에 그다지 띄지 않는 별자리다.

숨은그림

☐ 왕관 ☐ 곰방대 ☐ 다이아몬드
☐ 열대어 ☐ 압정 ☐ 접은 우산

컴퍼스자리

남쪽 하늘의 별자리

컴퍼스자리는 남쪽 하늘의 작은 별자리이다. 센타우르스자리의 남동쪽에 있다.

숨은그림
- ☐ 장화 한 짝
- ☐ 윷 한 짝
- ☐ 피라미드
- ☐ 바늘
- ☐ 호미
- ☐ 커피잔

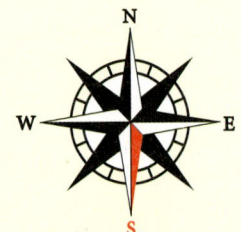

큰부리새자리

남쪽 하늘의 별자리

독일의 천문학자 바이어가 만든 12개의 이색적인 별자리 중 하나로 열대 아메리카산 큰부리새를 표현하고 있다.

숨은그림
- ☐ 삿갓
- ☐ 생쥐
- ☐ 못
- ☐ 장갑
- ☐ 돋보기
- ☐ 고추

파리자리
남쪽 하늘의 별자리

> 우리도 별자리가 있는 귀하신 몸이라구요.

숨은그림
- 바가지
- 왕관
- 콩깍지
- 세숫대야
- 열대어
- 낚싯바늘

현미경자리

남쪽 하늘의 별자리

초저녁에 나직이 보이지만, 밝은 별이 없어서 눈에 잘 띄지 않는다.

숨은그림
- ☐ 조리
- ☐ 바가지
- ☐ 펜촉
- ☐ 고래
- ☐ 버섯
- ☐ 오리

화로자리

남쪽 하늘의 별자리

> 화로자리는 고도가 낮고 워낙 어두운 별자리라서 쉽게 볼 수 없어.

숨은그림
- ☐ 압정
- ☐ 스푼
- ☐ 갈매기
- ☐ 장화 한 짝
- ☐ 유리잔
- ☐ 느낌표

남쪽 하늘의 별자리 93

남쪽 하늘의 별자리 설명

이리자리
아르카디아의 왕 리카온은 자녀들이 많은데, 모두 심성이 악랄하고 백성들을 매우 괴롭혔다. 그들이 죄가 심각하다고 생각한 제우스가 찾아왔지만 그들은 제우스 앞에서도 극악무도한 일을 저지른다. 분노한 제우스는 어린 아들 닉티모스를 빼고 모두에게 번개를 내렸고, 리카온 왕은 이리로 만들어버렸다.

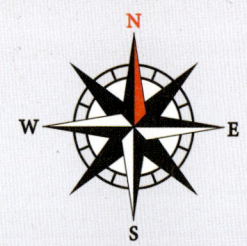

기린자리

북쪽 하늘의 별자리

기린자리는 폴란드 천문학자 헤벨리우스가 별자리 중간 중간에 새로운 별자리를 만들었는데 그 중에 하나이고 특별한 신화는 없어요.

숨은그림
- ☐ 버섯
- ☐ 고추
- ☐ 압정
- ☐ 접은 우산
- ☐ 국자
- ☐ 콩깍지

세페우스자리

북쪽 하늘의 별자리

아… 아… 내 딸, 안드로메다를 제물로 바쳐야 한다니….

숨은그림
- ☐ 별
- ☐ 만년필 촉
- ☐ 망치
- ☐ 부엌칼
- ☐ 밤
- ☐ 호미

북쪽 하늘의 별자리 97

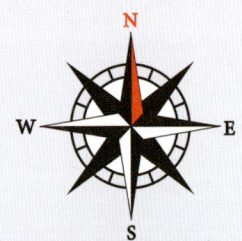

작은곰자리

북쪽 하늘의 별자리

> 잠깐! 너희 둘은 모자지간이니라!

숨은그림
- ☐ 텐트
- ☐ 도장
- ☐ 포크
- ☐ 제기
- ☐ 만년필 촉
- ☐ 종이배

카시오페이아자리
북쪽 하늘의 별자리

> 카시오페이아! 너는 정말 허영심이 강한 여자로구나!

숨은그림
- ☐ 버섯
- ☐ 올챙이
- ☐ 옷핀
- ☐ 담배파이프
- ☐ 느낌표
- ☐ 송곳

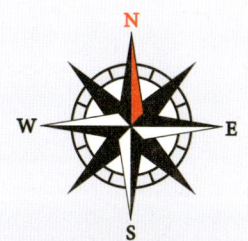

큰곰자리

북쪽 하늘의 별자리

> 오! 오…
> 내 아들아.
> 이렇게 훌륭하게
> 자랐구나.

숨은그림

- ☐ 촛불
- ☐ 압정
- ☐ 아이스크림
- ☐ 새의 머리
- ☐ 붓
- ☐ 숟가락

북쪽 하늘의 별자리 설명

세페우스자리
에티오피아 왕 세페우스는 왕비 카시오페이아와의 사이에서 안드로메다 공주를 낳았다. 카시오페이아는 예쁘지만 허영심이 많았고, 안드로메다는 영웅 페르세우스와 결혼했다. 세페우스, 카시오페이아, 안드로메다 그리고 사위 페르세우스는 모두 하늘의 별자리가 되었다.

용자리
아틀라스의 딸 헤스페리데스는 황금사과를 지키는 용이다. 헤라클레스의 열두 모험 중 열한 번째가 이 황금사과를 가져오는 것으로, 그는 무사히 용을 물리치고 황금 사과를 얻었다. 헤라클레스의 아버지 제우스는 이 승리를 기념하여 용을 하늘에 올려서 별자리로 삼았다.

작은곰자리
칼리스토가 제우스의 아들 아르카스를 낳자, 헤라가 그녀를 곰으로 만들어 숲으로 보내 버렸다. 숲에서 장성한 아들을 만난 칼리스토가 반갑게 달려들자, 아르카스는 곰이 공격하는 줄 알고 활시위를 당겨서 겨눈다. 이를 본 제우스가 모자를 별자리로 만들어 하늘에 올렸다.

카시오페이아자리
에티오피아 왕 케페우스의 왕비이자, 안드로메다의 어머니다. 허영심이 많아 바다의 요정보다 예쁘다고 떠벌리다 바다 요정들의 분노를 사기도 했다. 죽은 후 포세이돈이 별자리가 되게 했는데, 그녀의 허영심을 벌하기 위해 의자에 앉아 거꾸로 매달려 있는 모습으로 했다.

큰곰자리
곰이 된 칼리스토가 아들 아르카스와 함께 하늘의 별자리가 되었다. 칼리스토가 더 아름답게 빛나자, 질투의 여신 헤라는 화가 나서 바다의 신 포세이돈에게 이들이 물을 못 마시게 하라고 부탁했다. 그래서 이들은 물 있는 곳으로 오지 못하고 북극 하늘만 맴돌게 된다.

숨은그림
- 종이배
- 팽이
- 성냥개비
- 장화
- 담배파이프
- 은행잎

숨은그림
- 송곳
- 누에고치
- 국자
- 포크
- 만년필 촉
- 신사모자

숨은그림
- 칫솔
- 성냥개비
- 낚싯바늘
- 가오리
- 송곳
- 압정

숨은그림
- 촛불
- 밥그릇
- 고추
- 버섯
- 알파벳 A
- 갓

숨은그림
- 압정
- 성냥개비
- 도장
- 만년필 촉
- 동물 뼈
- 하트

숨은그림
- 버섯
- 집
- 전기 스탠드
- 괭이
- 망치
- 아이스크림

숨은그림
- 펜촉
- 성냥개비
- 삿갓
- 화살표
- 야구공
- 버섯

숨은그림
- 하이힐
- 칫솔
- 담배 한 개비
- 낫
- 느낌표
- 펜촉

숨은그림
- 돛단배
- 아이스크림
- 갓
- 화분
- 스푼
- 고추

숨은그림
- 부엌칼
- 올챙이
- 압정
- 커피잔
- 신사모자
- 망치

숨은그림

- [ ] 화살표
- [ ] 호미
- [ ] 병
- [ ] 버섯
- [ ] 슬리퍼
- [ ] 하트

숨은그림

- [ ] 칫솔
- [ ] 콩깍지
- [ ] 밥그릇
- [ ] 연필
- [ ] 은행잎
- [ ] 스푼

- 버섯
- 스푼
- 새
- 붓
- 송곳
- 올챙이

- 낫
- 호미
- 국자
- 낫
- 못
- 물컵

- 부엌칼
- 갓
- 열대어
- 못
- 촛불
- 플라스틱바가지

- 깔대기
- 펜촉
- 만두
- 촛불
- 갈매기
- 콩나물

숨은그림
- 열쇠
- 부엌칼
- 톱
- 하트
- 오리
- 요리사 모자

숨은그림
- 프라이팬
- 성냥개비
- 양말
- 콩깍지
- 우산
- 열대어

숨은그림
- 돛단배
- 비커
- 촛불
- 종이배
- 망치
- 사람 입술

숨은그림
- 칫솔
- 바늘
- 스푼
- 버섯
- 동물 뼈
- 밤

숨은그림
- 팽이
- 촛불
- 성냥개비
- 장화
- 종이배
- 방 빗자루

숨은그림
- 버섯
- 하트
- 갓
- 포크
- 사람 옆얼굴
- 담배 파이프

숨은그림
- 반지
- 밤
- 붓
- 고추
- 바늘
- 사람입술

숨은그림
- 망치
- 압정
- 새
- 부츠 한 짝
- 사진액자
- 병따개

숨은그림
- □ 팽이
- □ 버섯
- □ 세숫대야
- □ 머리빗
- □ 프라이팬
- □ 갈매기

숨은그림
- □ 성냥개비
- □ 만년필 촉
- □ 호미
- □ 스푼
- □ 부엌칼
- □ 바늘

숨은그림
- 자물쇠
- 종이배
- 아기 우유병
- 삼각자
- 바늘
- 호미

숨은그림
- 고추
- 낚시바늘
- 구둣주걱
- 왕관
- 열쇠
- 붓

숨은그림
- 부엌칼
- 고추
- 화분
- 촛불
- 아이스크림
- 버섯

숨은그림
- 성냥개비
- 방빗자루
- 가지
- 갈매기
- 버섯
- 하트

126 숨은 그림 찾기

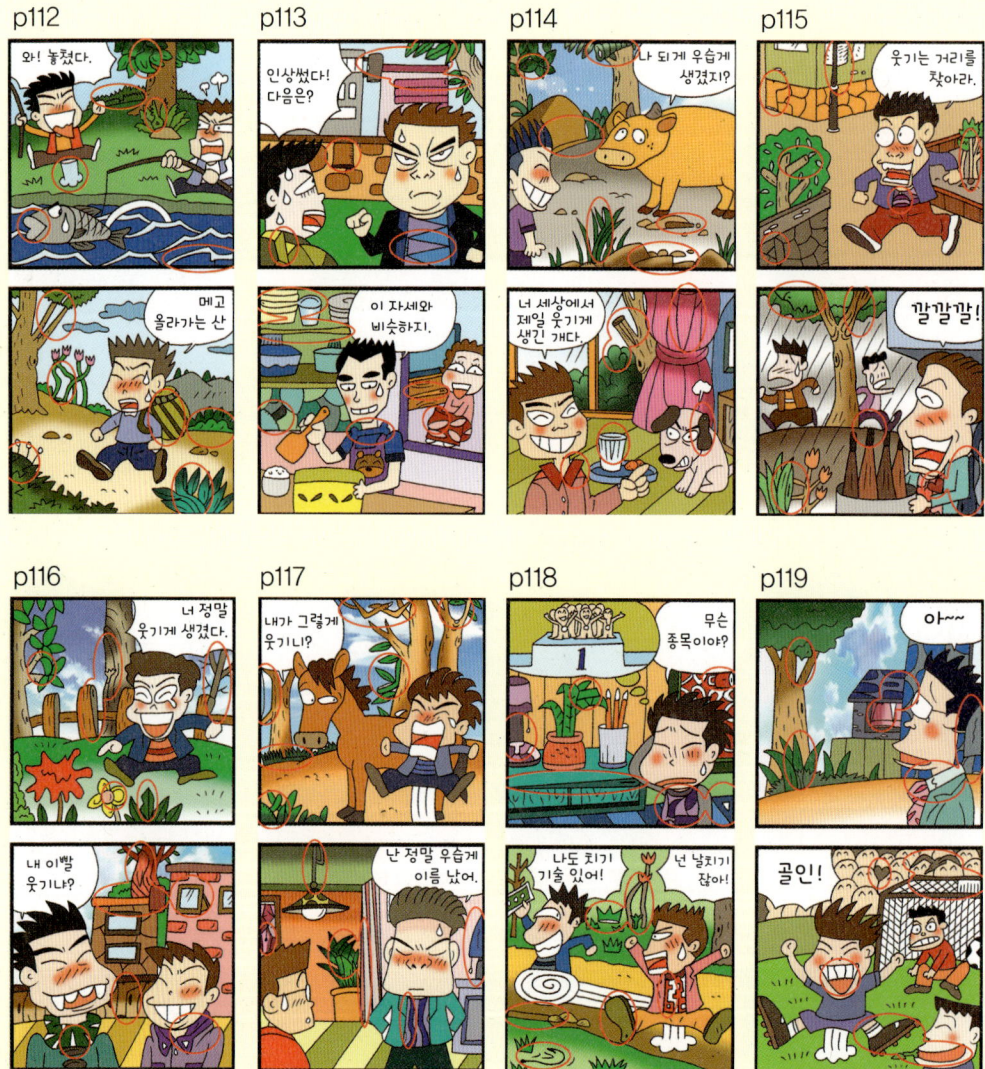